문틈

김삼문 세 번째 시집

도서출판
에이엑스

시인의 고백

숲三文 시인 세 번째 시집을 고백합니다.
고백, 시를 쓰면서 청춘을 떠나보내는
슬픔과 불균형의 연습이라고 생각합니다.

어쯤, 우린 균형과 기쁨의 연속을 채웁니다.
한걸음에 민낯의 고운 햇살은 어떨까요?

―――――

시인 **김삼문**

차례

문틈 시작노트 | 꿈틀거리고 시작은 생명체가 꿈틀거린다.

●

제1부   윤슬처럼
         반짝인다

16   공터
17   동백선
18   호박꽃이 피면
19   아버지 헛기침
20   골목길 울타리
21   라면 상자가 포개지면
22   가방끈이 길면
23   연못
24   옹달샘
25   추석
26   자화상
27   손
28   윤슬처럼 반짝인다
29   바람이 불어오는 곳
30   돌고 도는 시간 속에

제2부 경계를 허물고

32	립스틱 바르고	39	거실 속 덤불
33	브라운관 주인공처럼	40	해야 솟아라
34	꿈틀거리고	41	도서관 파랬어요
35	하얀 나비처럼	42	페이지를 넘기며
36	의자에 의자가	43	여름 퍼즐을 맞추고
37	산다는 것부터	44	평상에 하루
38	한 그릇	45	마른 잎이 떨어져

제3부 덩달아 춤을

48	할아버지 수염	55	거미가 집을 짓고
49	동백섬	56	달빛그을음
50	너거어무이	57	지하철 하루
51	가물가물해지면	58	덩달아 춤을
52	하림(河林) 괜찮아요	59	살랑이는 바람이 불면
53	한 잎 터트리면		
54	들꽃이 피었습니다		

차례

제4부 아무 말 없이

- 62 산촌
- 63 하루가 저물어
- 64 Mentor 알파벳 숫자가
- 65 고사리손
- 66 아무 말 없이
- 67 화환
- 69 노송
- 70 붉은 해가 꿈틀거리면
- 71 까만 밤
- 72 꿈틀거리고
- 73 때 묻은 영혼
- 74 꽃이여
- 75 토끼해가
- 76 틈과 틈

78 해설 | 불균형의 균형과 울타리시학 - 정영자(문학평론가)

꿈틀거리고 시작은
생명체가 꿈틀거린다.

「문틈」 시작 노트

河林 **김삼문** 시인/교수

시가 주는 의미는 시적 상상력이고 잠재력이다.

사물을 세밀하게 관찰하고 이미지를 근간으로 형상화하는 과정은 시인의 멋이기도 하다.

시간은 꿈틀거리는 시선으로 생명체가 꿈틀거린다. 사물을 관찰하고 진술이나 묘사는 남다른 의미는 독자를 만나는 가치 활동이다.

시인은 평소 시간 속에서 다른 감각적인 이미지나 정서적으로 객관화하는 것에 익숙하다. 시인의 활동은 언어의 예술 독자의 세상이 된다.

또한, 어떤 사물을 자기 생각으로 만드는 예술활동은 디지털시대 새로운 연결산업으로 성장 된다. 시인의 언어조합은 독자와 연결고리 콘텐츠로 저장되고 숙성이 된다. 그래서 시적 의미는 상상을 초월하는 가치로 승화한다. 하지만 고객으로부터 불균형 시상은 늘 아쉬움을 남게 한다. 시인은 예술적 가치 활동에 인공지능이 주는 의미를 분석하고 예측이 필요하다. 언어가 주는 학습을 계속해야 고객으로부터 균형 있는 공감을 얻을 수 있다.

덩치 큰 나무가 바람에 꿈틀거리면/ 일렁이는 바람이 신바람이
난다/

- 「꿈틀거리고」 본문

자연과 사람은 떼어 놓을 수 없는 관계성이다.

자연은 바람, 나무, 돌, 물, 구름 등으로 시작을 할 수 있는 좋은 소재이다. 그리고 사물의 대상은 시적 묘사를 공감의 가치를 얻을 수 있다. 유사하게 생각하는 사람은 커가면서 먹고, 자는 것으로 여행 같은 시간 속 소풍의 연속이다.

시인은 상상의 대상이 꿈틀거리고 있다.

일렁이는 바람이 신바람이 났다. 나무가 꿈틀거리면 작은 나무는 속삭이며 자란다. 자연 속에서 살아내면서 사사건건 일상을 얻기 위한 하나의 자연적인 인생은 여행 같은 행동이다. 그 자체적인 자연과 동행의 행동을 통해서 우리가 꿈틀거리면 따스한 정으로 산다. 마치 햇볕이 따뜻한 맑은 날도 있고 어둠 속에 휘영청 달도 뜨고, 비가 내리는 날 등으로 자연과 사람은 하루를 만든다. 어쩜 시인도 자연과 더불어 만지작거리는 하루하루가 꿈틀거린다. 시인의 일상이 꿈틀거리고 있다.

때 묻은 영혼은 의자가 알고 있다/ 지키려 하면 할수록 삐걱삐걱 의자가 멈추기를 반복한다./

- 「때 묻은 영혼」 본문

시간과 영혼을 삐걱거린 의자에 묘사다.

하루의 시간은 이십사 시간이다. 자연의 이치와 혜택은 자연 속에 사는 동물체와 공동체이다. 각 객체가 가지고 있는 행동 반격으로 때 묻은 영혼으로 산다. 그 중심에는 각종 동식물이 먹잇감이 되기도 한다. 사람은 생각하는 동물체로 힘의 논리로 먹이사슬에 의해서 경쟁하며 살아간다.

그래서 시인은 삐걱삐걱 의자처럼 살아내는 것도 삐걱삐걱 한 의자를 떠올린다. 어쯤, 시인은 한 치 앞을 알 수 없는 시상을 만났는지 모른다. 시간 속에 각자의 기의 당당함이 사회적 행동은 사회적 가치로 연결된다. 삐걱삐걱 한 시간이어서 더 값진 시간을 만들어 가는 공동체를 묘사 하였다.

시인은 지키려 하면 할수록 삐걱삐걱 의자가 항복한다고 했다. 평소 의사는 사람의 안식처가 된다. 인체가 편안한 시간으로 의자는 내어준다. 내어준 의자는 삐걱거리면 시인은 의자 속에 무엇 가를 찾고 싶어서 한다. 의자의 시간은 삐걱하는 시간으로 공감한다. 이러한 시간을 지키려고 하면 할수록 삐걱삐걱 의자가 부른 아련한 추억을 꺼내볼 수 있다.

자연 속에 대다수 존재하는 따스한 사람도 순수한 나문 속에 사는 멋이다. 자식은 어머니 품같은 따스한 연결 속에 존재의 큰 의미로 살아간다.

자식과 부모의 사랑은 어떠한가?

애틋하기도 하고 평생 잊을 수 없는 품이다. 그래서 사람은 가까이에서 느껴지는 것들이 멀어져서야 철이 든다는 말이 있다. 평소에는 가까이에서 느낄 수 없는 사랑은 삐걱할수록 애틋한 사랑으로 남아 있다. 그래서 누구나 시인이 된다. 또한, 시인은 시상을 또 올린다. 시상은 어머니, 고향, 어린 시절, 동경 등 어머니 같은 품의 소재이다. 시어는 어머니 같이 따스한 동경이 되기도 한다.

  바람이 불면/ 자리를 이탈한 초승달이 바람이 났다고 비가 내렸다/ 훔쳐간 어둠이 빛이 될라/잎이 늘어진 노송에 하얀 눈꽃이 웃는다/ 머뭇머뭇 훔쳐간 아침 햇살이 잔칫상이다/

-「노송」본문

  지구는 둥글다. 지구가 구르면 노송은 오래 산다.
  지구는 둥근 세상으로 안내한다. 지구처럼 인간도 살아가는 방식이 모나지 않고 둥근 삶으로 살아간다. 여행 같은 인생도 둥글둥글 살아야 제멋이다. 그래서 인간은 지금보다 더 좋은 것을 위해 남다른 노역을 한다. 인생은 소풍이다. 즐거움을 주는 사랑하는 이도 있다. 지구는 둥글게 구르고 그녀도 둥근 세상을 걷고 있다.

  둥근 지구는 생각하는 사람만 사는 것이 아니라 물, 바람, 풀, 나무, 돌, 흙 등이 자연의 이치로 균형적이다. 자연은 각자의 자리에서 자기 역할로 살아간다.
  그래서 시인은 자연의 소재를 묘사한다. 사물이 흔하게 느껴지는 것도 시인에게는 세세한 언어조합으로 예술을 승화시킨다. 시인의 사물을 관찰하고 자기 것으로 생각하는 것부터 시인이 된다. 시상은 사람들에 공감을 만들기 위해 창조물이다. 언어의 조합은 지속해서 사물을 통해 얻고 비유 속에 만들어가는 예술활동이 된다.

시인은 둥근 세상을 원하고 있다. 거칠고 모가나도 바람, 물 등 가까이 더 가까이하면 어떤 사물이나 사람도 둥근 세상이 된다.

자연과 사람이 서로 많은 공감을 하듯이 사람도 천운이 주는 인연이다. 그 인연은 가족의 이름으로 살아가는 명예와 부를 위해 노력한다. 꽃들은 다르다. 영원한 아름다운 꽃에 나비가 날아들 듯 인간에게 사랑만 주고 지고서 거름이 된다.

이 또한 얼마다 아름다운가?

한 새싹이 잉태하여 상춘객의 사랑으로 청춘같이 웃는 세상 하늘 같은 사랑이라고 노래한 시인의 마음이 마치 한 송이 꽃처럼 아름답다.

마을엔 공터가 있다/ 공터에/ 오래된 나무가 지키고/ 생애 나이테 잊은 채 매미도 그칠 줄 모른다/

- 「공터」 본문

공터는 도심에서는 자산의 가치로 존재한다. 존재 가치는 도시를 형성하며 공동체 삶으로 거래를 만든다. 오래된 나무가 지키고 있다면 마을은 오래된 역사가 있다.

한 세대가 30년 정도로 세대가 바뀐다. 지금은 고령화 시대로 초월한 세대에 살고 있다. 어쯤, 자연처럼 오래 살아가며 강산이 바뀐

공터가 지키고 있는 것처럼 100세를 사는 세상이다.

　마을엔 공터가 있다. 누군가 심은 나무 그늘은 삶에 마을 쉼터가 된다. 또한, 마을 당산 같은 이름으로 여러 해 안전한 마을을 위해 제를 올리는 터도 있다.

　시인은 공터를 보고 생애 나이테 쏟아졌다는 의미를 담아 시인의 시상이 나무처럼 오래도록 살아가는 삶을 노래하고 있다.

　사람으로 사는 인간된 도리로 다하는 것도 대단하고 사람이 바람처럼 살다가 자연으로 돌아가는 것도 바람직한 삶이다.

　사람보다 나무는 오랫동안 살아간다. 사람들을 건강하고 바라보는 멋도 내어준다. 오늘날 인간의 욕심이 과하다. 자연이 병들고 시들한 위험을 도사리고 있다. 인간이 자연을 사랑하면 활력이 넘치는 생활 속에 자연이 아낌없이 내어준다. 나무를 바라보면서 많은 것을 생각하게 자연은 가르치고 있다.

　나무처럼 오랫동안 살아가려면 무엇보다 자연을 가까이해야 한다. 아름답다고 여기는 자연을 사랑하라고, 인간사회는 반성하고 사랑해야 한다.

　겨우내 언 땅이 녹으면 봄날에 꽃이 핀다. 사계절이 언제나 가깝듯이 사계절이 아름다운 시간이 많은 시간을 같이해야 한다. 시를 읽을수록 공터를 묘사한 진솔히 드러난다. 바람에도 가볍지 않았던 공터에 나무가 인간과 함께 오랫동안 지키고 있다. 매우 가벼운 시상으로 접근하는 것 같지만 각종 사물을 보는 관찰과 비유는 남다른 기법의 내면이 있다. 그러한 내면의 시상이 세 번째 시집 「문틈」

민낯이 드러난 화장을 한다.

 민낯이 드러날수록 부끄러운 시인이다. 독자를 만나 언 땅이 녹아내리듯이 조심히 시가 흐르기를 기도해 본다.
 「문틈」 시 해설을 해주신 정영자 평론가/ 교수님께도 감사드립니다. 편집을 도와주신 김희정 시인께도 고마움을 띄웁니다.

김삼문
세 번째 시집

문틈

제1부

윤슬처럼
반짝인다

공터

마을엔 공터가 있다
공터에
오래된 나무가 지키고
생애 나이로 매미는 그칠 줄 모른다

공터 어둠이
고양이 들숨 날숨 시간 가는 줄 모른다

고들빼기 꽃대가
울타리에 앉아 영화를 상영한다

골목길 울타리
까맣게 물들이면

까만 비닐봉지, 삐뚤어진 젓가락이
잡초 아래 숨죽이는 주인공이 된다

쥐가 줄지어 주인공 파헤친다

영화에 한 장면이 울타리 장미꽃이 완성이다

동백선

해운대(海雲臺)
단순하지 않은 시선이 숙성된 빛으로
묵객을 불러 모은다

시선에 시선이
저만치 멀어져 질수록
잡힐듯한 시상이 파도에 출렁인다

하얀 파도에 절창이다

카메라 렌즈에
실감 나는 시선이 살랑인다

탄성이 절로 나와
묵객이 품었던 동백섬 사계가 펼쳐진다

나 같은 너를
너 같은 나를
동백섬 시선에 시화 글이 완성이다

한 폭의 자연이 나그네 품에 안긴다

호박꽃이 피면

호박이 새순이 돋아나면 어린 마음 꽃이다

밭고랑에
호미 끝이 설키고 간 자리
도시에 떠난 심장이 찾아든다

호박꽃이 까칠한 잎에 그늘이 되어
애호박이 알알이 열린다

잡초같이 크지 말라고
잡초를 골라서 뽑는다
하늘을 이고 호박꽃에 피식 웃는다

호박꽃이 피면
그리움은 넝쿨째 애호박이 호박이 누렇게 익는다

밭고랑 어머니 심장이
불효 심장이 뽑힌 자리 할미꽃이 피고 진다

아버지 헛기침

아버지 헛기침은 아침을 깨운다

서성이는 어둠이
문풍지를 흔들고 문틈을 빠져나갔다

헛기침은 때 묻은 문고리를 흔든다

아침이 다그치게
아침이 돌담 넘어 꿈속에 잠이 깬다

아버지
밤에는 호박 넝쿨이 담을 넘다 주렁주렁 달린
호박이 굴러 잠에서 깼어요

꿈이었다

아버지 돌담이 허물어져 애호박이 열리지도 아니하는데
아버지 헛기침이 아침을 깨우며 다녀가셨는지요

이순 고갯마루
헛기침이 왜 자꾸 아버지가 됩니까

골목길 울타리

울타리에

파란 줄기가 지그재그로
삐죽 솟은 꽃대가 빨강 머리핀을 꼽는다

파란 잎이 가르마를 타고
울타리 비밀이 털리는 듯
짙은 화장을 한다

안과 밖 내면이 울타리를 넘는다

골목길 풀잎 법문이
울타리 경계를 허문다

풀벌레 애달픈 곡조에 목이 탄다

파란 잎이
속삭이는 수줍음 털어내고
빨갛게 물든다

골목길 울타리는 아직도 진행형이다
파란 풀잎 법문을 외고

라면 상자가 포개지면

사각이 포개진 상자
라면 광고 그림이 걸작이다

곱슬한 면을 쭉 빨아드리는 광고가
보릿고개 입맛을 달군다

빡빡머리에 부스럼이 득실거린다

단발머리 소녀가 수줍음이 틀려 이빨을 드러낸다

까만 두 눈썹이 광고를
닮아만 가는지 까만 눈동자가 경계를 허문다

상자에 광고는 말이 없다

단말 머리 소녀는 말이 없다

라면 상자가 포개지면
수줍은 소녀가 허연 머릿결로 찾아올까요?

가방끈이 길면

비늘이 남아 있는 틈 사이로
한 올 바느질이 꿰매진 가방끈이 길게 늘어져 있다

상점 거울 속에
어깨에 멘 가방이 마네킹 젖가슴을 가리고

그도 억지로 맞추는 눈이 고정이다

한 올 가방을 꿰매자고
아직 남아 있는 숨을 조인 사실을 아는지

비늘이 아직 남아 있어서
악마같이 위협적으로 공격할 것인지

마네킹은 알고 있습니까
바늘이 누빈 심장을

가방끈이 길면 출세를 하는 것 맞습니까?
가방이 조명 불빛에 졸고 있는데

연못

물이 졸졸
연못에 고요를 깨우면

수초 숲에 가파른 숨이 일렁인다

갇힌 물이
가장자리로 나이테를 두르고 있다

나무 한 그루
연못에 축 늘어져 그림을 그리고
생명선을 옮겨 놓았다

연못의 한 폭의 수채화가 그려졌다

수평선으로 흘러서
바람에 거친 파도에 윤슬처럼 반짝이고 흐른다

펴졌던 연못에 하루가 풍당 속삭여졌다

옹달샘

돌 틈 물 한 방울이
툭 떨어져 여러 옹달샘을 틀어내고 있다

흘러서 속살이 드러나
옹송그리고 있다

가장자리로 퍼지려는
물결이 빛나고 반사되어 물꼬를 튼다

물 한 물방울이
옹달샘 심장으로 뛴다

퍼졌던 고요가 흐르고
내 얼굴은 일어설 때까지 물속에 고였다

이순 나이 타령은
물길 따라 유유히 흘러갔다

추석

둥근달을 재촉해 걷는데 둥근 돌이 하늘에 누워있어요

돌은 처음부터 둥글지 않아 조금씩 굴러서 둥글어졌다

구를수록 달은 그림자를 낳았다
눈썹 같은 초승달은 하나인데
그림자는 여러 개로 구름에 파고들었다

추석 한가위 둥근 달이 구르고
하나의 지구가 둥글게 구르면
어둠 속에 빛나서 둥근 가족을 닮아갔다.
빛의 한 보폭이
잡힐듯한 그림자를 낳고 있다.
둥근 달이 구름에 속삭였다
하늘에 누워있는 둥근 돌은 무게를 견디려고 빛났다
그림자가 떨어지지 않으려고
이탈하려는 돌이 둥글어 떠다닌다

돌이 구름에 구르고 있다

자화상

다섯 손가락이 주머니 단골이다

유연한 옷감
손이 주머니에 들어가 같이 숨을 쉬었다
주머니는
속이 깊어서 따스한 하루를 담아 졌고
들랑날랑한 자화상이 자외선을 쬐고
때 묻어가는 세월 타령에 시간 가는 줄 모른다
알 수 없는 동행은 계속되었고
손 마디마다 굳은살이 새겨져 빛나기를 반복했다

눈가에 주름살이 닮아갔다
가까이 들여다볼수록 자화상이 퍼져나갔고
주름살이 패인 자화상이 부서져 나갔다

베르디의 리골레토가 흐른 시간을 지휘하고

손

비누 거품이
잔주름에 채워졌다

색색이 봄 마중
손이 닿으면 잔주름은 어느새 파랗게 물든다

중년을 비누로 씻으면
아침을 이는 햇살이 안녕이라고

두 손이
뜨거웠던 마음을 아는지 노늘 빛에
나이를 잊고 있다

거품은 손을 문지르면 더 거품으로 일고

하루가 손으로 만지작거리면 거품같이 씻기어 흘러갔다

두 손은 잡초같이
두 손이 열매를 맺고 미지의 세계를 걷는다

거품이 일면 씻어졌다 흘러가듯이

윤슬처럼 반짝인다

고운 햇살이
파도에 출렁이는 윤슬이 되어 반짝인다
물결이 낳은 윤슬
카메라 렌즈가 순간을 포착해
한반도를 그려 놓았다

어린 날
캔버스에 파랑, 빨강 색을 반으로 그려서
잠이든 시간이 떠밀려 갔다
윤슬처럼 반짝인 날이다

윤슬처럼 반짝이인다
오감이 교차하여 우수상 단짝이 빨갛게 익은 사과처럼
볼그스레한 물감을 내민 동심이 흐른다
까만 글자 움츠리고 있었다
나무 오색 잎에 까만 글자가 옮겨져 편지를 띄었다

서로의 얼굴이 빨갛게 물들었다

못다 한 사랑이 윤슬처럼 반짝이는 추억을 만지작거린다

바람이 불어오는 곳

동백섬에 동백이 피면

돌담에 멧새가 찾아 숲으로 산다

모가 난 돌이 이끼 낀 숲을 이룬다

처음부터 둥글지 않아 바람이 불어오는 곳에

둥글지 않은 돌 틈 멧새가 알을 품고 있다

동백꽃을 피었습니다

기저귀는 멥새가 울어 동백 꽃잎도 춤을 춘다

바람이 불어오는 곳

낯선 나그네 발길마저 멈추게 섬이

섬을 이어놓는다

멧새가 훨훨 날아다닌다.

바람이 불어오는 곳

동백꽃 만삭이 빌딩 숲이 이어놓는다

돌고 도는 시간 속에

지구 한 바퀴는
나이가 한 바퀴 도는 동안 점처럼 선으로
생명선이 피 속에 붉게 흐른다

가느다란 핏줄이
한 바퀴 도는 동안 거꾸로 흐르기를

커다란 핏줄이
한 바퀴 도는 동안 굵게 피부 밖으로 부풀어 오르기를

인생 퍼즐이 조각조각
돌고 도는 시간 속에 세월이 엮인다

하얀 캔버스에
붉게 타는 지구를 그려 놓은 오늘처럼

퍼즐은 진행선으로 실핏줄이 아슬하게
지구를 모방한다

제2부

경계를
허물고

립스틱 바르고

립스틱 빨강 색이
빨강 입술을 지우고 있다

립스틱 짙게 바르고
분홍빛 외투를 걸쳐
깊어가는 색채를 채워 나갔다

바람결에
오색 잎이 말을 걸어온다

분홍빛 잎이
립스틱에 팡 털리고 싶다고

빨강 입술이
흩날리는 세월을 줍고 있다

브라운관 주인공처럼

창밖에 여자
음이 흐르고 티브이 브라운관이 창밖을 훔친다

반사된 빛이 창밖에 여자를 느낀다

두 편의 영화는
창밖으로 파란, 빨강, 노랑 회색빛 향연이 계속되었고
허물어지는 주인공이 창밖에 여자를 끌어안았다

소낙비가 쏜살같이 내렸다
나 뒹구는 색채가 브라운관을 메우고
가을비 우산 속 음악이 흐른다

브라운관 스위치가
어둠을 눕히고, 속삭이는 하루 끝을 말리고 있다
상영한 브라운관이
한 송이 꽃으로 하루를 물들이고 있다

꿈틀거리고

의자는 삐걱거려도 말이 없다

나는 꿈틀거리는 시를 쓰고 있다

두 시선은
삐걱거리는 의자
꿈틀거리고 시를 쓰는 시선을 이어놓았다

의자는 나이가 들어도 말이 없다

시인은 넘어가는 저녁노을을 깨문다

두 시선은
삐걱거릴수록 시선에 시선을 이어 놓았다

하얀 나비처럼

의자에 햇살이 앉으면 하루가 시작되었다

햇살이 앉은 의자에
날지 못한 나비가 살아요.
등받이를 내어준다

까만 밤이 의자에 구르면 하루가 익는다

하얀 나비처럼 훨훨 나는 꿈을 꾼다
두 다리를 새가 감추고 하늘 높이 훨훨 멀어져 갔다

삐걱거린 의자 등에 기댄 나는
깊어지는 중년 타령 눈을 지그시 감고 나비처럼 훨훨

삐걱거리는 의자
까만 밤 구름 속에 날갯짓이 중년을 기억하고 있다

의자에 의자가

의자에 의자가
말 없는 달빛을 희롱한다

의자의 그늘이
의자의 그늘이
달빛을 희롱한 죗값을 치를 수 있을까?

그늘을 먹는 의자가
그늘을 먹는 의자가
의자에 의자가 다리의 서로를 껴안을 수 있을까?

여전히 말이 없다.

산다는 것부터

먹지 않고 자객은 없을까

산다는 것부터 시작은 어딜까

세상에
점심시간이 어김없이 오는 까닭은 무엇일까?

문 앞에 한 장의 광고가
낯설지 않은 보릿고개로 넘실댄다
뭘, 팔고 싶은지
모델광고는 구천구백은 한정된 주문을 외우고 있다

산다는 것부터
배를 채우면 되는 것입니까

어머니 밥상이
그리운 것은 나만 있는 것입니까

한 그릇

뚝배기 한 그릇
밑바닥 달구어 보글보글 부풀어 올라

시곗바늘 정오를 가려 킨다

집 나간 며느리도 돌아온다는 봄날
팔팔 타오르는 보양탕에 두 다리가 걸작이다

숫자 2번을 가려 킨다

엑스자 부정보다
하얀 밥이 조각조각 오장육부를 드러내고

엑스 자로 누워있다.

심장이 뜨겁게
한 그릇 후딱 비우고

오장육부 생명선이 정오에 시간을 넘는다

거실 속 덤불

거실 속 콘센트가 덤불로 산다

나는 거실 속 덤불이 되기도 하지
내 몸에 연결된 수많은 코드가
쏟아낸 말들을 나열한다

그도 거실에 덤불로 사는데
사각 모퉁이 두 눈이 생명선이다

컴컴한 두 구멍에
두 다리가 꼽히면
가나다란 전력선이 덤불로 엮이고
선들이 뻗어 나와 숲을 이룬다

그와 나는 온몸으로
생명선으로 에워싸인 덤불로 엮인다

벽과 벽이 허무는
거실 속 티브이가 말을 걸어오면
콘센트 생명선 덤불로 숲을 이루고 산다

해야 솟아라

수평선 해가 솟으면
나는 산기슭 도서관에 간다

도서관
책꽂이 책이 만삭이다

아작아작
캔버스를 채운 글이
도서관 책을 넘기며 만삭을 풀어헤친다

책장엔 한 권의 책이 주인을 만났다

해야 솟아라
도서관 투영한 책들이 만삭을

해야 솟아라
책 속에 글이 만삭을 품어 이어놓고
지는 노을을 끌어안을 수 있게

도서관 파랬어요

파랬어요
구름이 흘러 도서관이 파랬어요

파랬어요
중년이 물든 도서관이 파랬어요

경비 아저씨도 파랬더래요

파란 하늘처럼
숲이 우거져 손짓하며 파랬어요

풀벌레 우는 숲속이
이름 없는 우렁찬 책장이 파랬어요

도서관 파란 책을 넘기며
파랬던 생각이 까만 글자를 입히고 있다

파란 시간이 오월에 장미꽃이 담장을 넘는다

페이지를 넘기며

도서관 책장이 신호대기 중이다

페이지가 까만 글을 세고
목차가 빨강 신호등에 멈춘다

행이 청춘이다

글이 왕관을 쓰고 있다

깜박이는 신호등이 진행형이다

나는 파란 신호 등에
책 속에 걸어갔다

태양이 뜨거워 지구가 위태로워
지구가 몸살로

페이지가 저장되어 빨강 신호대기 중이다

여름 퍼즐을 맞추고

펴지는 물결 하루가 인다
중태기
대낮에 살랑살랑 외출이다

수줍은 응집이
퍼져 가는 물살을 인다

조각조각 생명이 퍼즐로 엮인다

이탈이다
줄지어 바위틈에 물장구치며 반짝인다

여름날
풋사랑이 이탈이다
하얗게 부서진 물방울이 파도에 출렁이는 꿈을 꾼다

여름날 퍼즐을 맞추고

평상에 하루

평상은 평평한 이야기를 저장한다

나무가 결로 평평하기까지
청춘이 구르고
평행선 몸살이 났다

순이가 시집오는 날 처음 웃었다

엉덩방아 툭 걸치면
입담 좋은 아줌마 엉덩이는 몸살이 난다

순이는 그늘막이 되어 평상을 그리워한다

평상 밑에
달팽이, 지렁이가 음지 찾아 이웃으로 산다

평상의 하루
개구리가 한철 울다 새날 찾으면
엉덩이가 툭 걸쳐진 평상에 이야기가 담장을 넘는다

이웃 문이 열린다
평상에 하루 시간 가는 줄 모르고
아줌마 입담을 그리워한다

마른 잎이 떨어져

마른 잎이 바람에 대답하기를
푸른 잎은 마른 잎에 대답하기를

달빛그을음 속삭임이 마중 나온다

빼곡하게 힘겨루기를
삐죽삐죽 하늘에 닿기를

하늘에 구른 구름은 알고 있다.

달빛그을음이 물들면
교차는 햇살이 살랑이면

숲속에 어둠은 먹이 사냥의 천국
숲속에 햇살이 비치면 새들의 천국

푸른 잎이 마른 잎이 떨어져 흔적을 지운다

산수화 자연을 펼치며

김삼문
세 번째 시집

문틈

제3부

덩달아
춤을

할아버지 수염

회안엔 긴 수염 시대를 담아
통영갓 쓴 화롯불 긴 담뱃대 연기가 퍼졌던
할아버지 일기
그해의 청춘이 타고
아버지로 넘쳐나고
구름이 흘러가듯 긴 세월 흘러왔다
나의 초롱초롱한 눈빛 화롯불 열기로
할아버지 중년인 줄 몰랐다
문틈에
들랑날랑 눈치 없이
바람같이 허물고
경계를 허물고 술잔에 한 잔을 올렸다
나의 나이가 할아버지 나이가 되어
할아버지 보릿고개 그리움이 인다
이순
까칠한 수염이 긴 수염을 쓰다듬는다

동백섬

해운대
석각에 새긴 시간이 육성되어

바다 여울목
허연 파도가 넘실댄다

연분홍 동백
한 잎 두 잎이 짙은 화장을 한다

나그네
염치도 없이 꽃잎에 입맞춤

향연에 몸살이 납니다

철썩이는 파도
동백 숲에서 숨을 쉽니다

찾는 나그네
반짝이는 윤슬에 익어갑니다

너거어무이

허물어져 가는 돌담 집 아주머니
그 하도 언급 결에
너거 왔나
너거어무이 살아 있으면 좋은데

모정이 살아 숨 쉰 골목길

굽잇길 사이에 두고
다짜고짜 너거어무이 참 좋은 사람인데

풍선처럼 부풀다가 노을에 물든다

느릿느릿 한 무덤가 어둠이 깔린다

살아생전 너거어무이
참 좋은데
불효가 쌓여 눈가에 눈물이 맺힌다

니가와이카노
왔으면 되었지
무덤가 철쭉이 손을 내민다
뭐 그리움 있다고
너거어무이 찾아 왔다고 술잔을 든다

가물가물해지면

들꽃이
피고 집니다
있어야 할 자리 피었다 지는

꽃을 그대는 아는지요

허수아비 같은 세월 가물가물해지면
들꽃이 핀 그대의 향연

그대는 왔다가 가셨는지요

그대는 들리는지요

당신을 닮아가는 형형색색
사랑해요
눈이 부신 태양같이 사랑이 영원하길

그대는 알고 있으신지요

강산에 바뀌어
가물가물한 편지를 띄웁니다.

하림(河林) 괜찮아요

하림(河林) 선생
호가 마음에 듭니까

물(河)
수풀(林)
당신에 사주에는 물이 없습니까
숲이 우거지면
물이 유유히 흘러가시렵니까

좋습니다
河林은 먼 훗날
시상이 앉은 고요한 빛의 등불이 되소서

선생님
어찌도 빨리 가셨습니까

나 마음이 이리도 아픕니다

한 잎 터트리면

한 꽃망울 한 잎
터트리면 기도처가 되어 모여든다

여러 잎이 살랑이는 법문을 연다

한 잎에 물든 세월
아슬아슬 연분홍 사연에 틀린다

꽃잎을 터트린다

세월이 어슬렁어슬렁 이순 고개를 넘는다

지천에 꽃이 누구의 꽃이랍니까

한 송이 꽃으로 마중은 누구의 꽃말입니까

꽃잎들이 시드는데 당신은 아니 오시렵니까?

한 잎 터트리면
한 송이 꽃으로 오시렵니까

들꽃이 피었습니다

꽃이 피었습니다
그 누구 없소
누구의 꽃이 되렵니까

들꽃이 애가 타 시든다

꽃처럼 살리라
꽃다운 나이에 왜 말이 없소
누구의 꽃말이 되렵니까

이름 없는 꽃이면 아니 오렵니까

이름 있는 꽃으로 사시렵니까
말 좀 해 보소
그래도 말을 못 하는 들꽃으로 사시렵니까

들꽃이 피었습니다
나는 꽃이요 꽃처럼 살겠다고 아니 오시렵니까

거미가 집을 짓고

빼곡 빼곡
빌딩 숲이 나무를 에워쌌다

숲에 거미가 집을 짓고

먹이는 기다리는 미학에 생애를 마감한다

빌딩 숲에 동이 트면
풀 벌레 날아와 빛의 향연에 안긴다

빌딩 숲이 거미 같은 시간을 짓고

영롱한 이슬 같은 생애가 눈치 없이 펼쳐진다

바람이 불어
왕거미가 거미줄 먹잇감을 흔들 듯
아슬아슬 봄날이 간다

달빛그을음

온천천에 달 뜨면
어머니 달빛그을음기어 다닌다

밭고랑이 지그재그 풀잎을 물들인다

구름 속 구름이 쉬어가듯
그믐달 황혼빛이 애가 탄다

풀잎 사랑
밭고랑 잊은 채 어머니 방상을 내민다

밭고랑에 풋고추
빨갛게 익어 시간을 말린다

어머니 밥상이 완성이다

영영 오지 않은 미완성 밥상이
달빛그을음 마중을 간다

지하철 하루

기침이다
황혼이 눈치를 보고 흩날린다

지하철 한 칸
얄궂은 기침에 서로의 봄날을 판다

마스크 훈령
너도나도 선을 넘어
띄엄띄엄 얼굴을 내민다

눈빛이 모여
마스크 없는 세상을 그리워한다

지하철 문이 시선을 줍고
가르는 눈빛이 경계선 나비로 앉는다

기침이 나오는데 어찌합니까?

지하철 하루
기침이 드러나 나비가 되어 울고 있다

덩달아 춤을

숲에 새가 울면
왕거미 입꼬리에 아침이 물린다

평화는 시작이다

자연 정원이 완성이다

나무가 덩달아 춤을 춥니다

풀벌레 울음소리 우렁찹니다

나도 덩달아 춤을
사계가 덩달아 춤을
숲은 사람 사는 세상에 덩달아 춤을 춥니다

그래도 숲에 아니 가시렵니까

살랑이는 바람이 불면

쓱쓱 문질러
젖꼭지가 입술에 물리면 온통 웃음바다가 됩니다

씨앗이 어둠을 밀어내고
새싹이 햇살을 보듭니다

잎이 웃는 세상
상춘객 찾은 살랑이는 바람이 불면 사랑이 인다

첫걸음
깨문 젖꼭지 어머니 품이다

보잘것없는 텅 빈 명예가 공허한 밤이다
이순 고갯마루
어머니 향기로 익는 그리움은 누구의 잘못입니까

김삼문
세 번째 시집

문틈

제4부

아무 말
없이

산촌

숲 노을이 들거든.
산촌 빈 의자 찾아오게나

숲속에 새가 어쩌다 울거든.
산촌 빈 의자 그림자 찾아오게나

의자가 썩어 문드러지거든
산촌에 버팀목 거름이 되어 찾아들게나

꽃이 핀 산촌(山村)*
세인들 앉은 목이 늘 그립거든.
숲에 우는 새들이 찾아 들면 오시게나

* 산촌(山村) : 두메, 두메산골, 산골, 산마을의 비슷한 말로 산속에 있는 마을

하루가 저물어

하늘을 여는 초승달
하루가 빛나기를 반복한다

까만 밤
하루가 저물어
맞닥뜨린 무채색 세월이 서성인다

회색빛 구름이
시커먼 바다를 품는다
산 그림자
바다에 풍당 잠겨 거친 파도를 탄다

바위틈 섬이
사무친 섬을 이어놓고 출렁 인다

낯선 하루가 일렁이는 파도에 쓸려 간다

초승달이 빛나기를 반복한다

Mentor 알파벳 숫자가

Mentor

알파벳 숫자를 세고 있다

아버지를 닮아 가는

이름값 숫자를 나누고 있다

Mentor는

경청으로부터

경험으로부터

아버지 품이 리듬을 탄다

Men tee

알파벳 숫자가

가쁜 숨을 몰아쉰다

능선을 오르기에 반복 학습을 한다

Mentoring*

알파벳 숫자로부터 정상은

땀이 쏟아져 강물같이 흘려

Mentoring은

정상에 머무는 새가 되어

들려오는 바른 마음으로 날고 있다

* Mentoring : 경험과 지식이 풍부한 사람이 멘티(Men tee 멘토링을 받는 사람)에게 지도와 조언을 하면서 실력과 잠재력을 개발하는 것

고사리손

산적이 쉬어갔던
굽이굽이 육십령 고개*를 넘는다

산은 그대로 숲인데
말굽이 넘은 흔적이 아득한 옛길이다

숲이 재촉한
아버지 소고삐가 이라 어서 가자
청춘이 그려졌다

고사리손
막걸리 한 잔 따라 주던 아버지 웃음이 서성인다

애틋한 생애가 그리움 되어
이순 육십 고갯마루 재를 넘는다

* 육십령 고개 : 신라와 백제성 경계 지역이다. 육십 고개를 넘어야 백재로 진입한다. 현재 경상남도 함양군이다.

아무 말 없이

봉수대 연기가 솟으면
저편 봉수대 연기가 피어오른다
거친 사람이
거친 바람이
깃발 속에 공격 앞으로 선창을 한다
화살촉이
연기 속을 빠져나가 공격을 이어놓는다
삐죽 솟은 봉수대가 봉수대를 이어놓는다
연기는 땅거미로 파고들어
화상 촉은 가슴을 파고들어
연기는 아무 말 없이
승부를 가르기를 반복한다

화환

들꽃을 주문했다
숨이 끊어진 꽃들이 도착했다

어떤 것은 붉어가며
어떤 것은 희어가며
화환을 완성했다

꽃들은 화환을 위해 총력을 기울이고 있었다

얼굴을 들어라, 환대를 위해
발끝을 숨겨라, 끊어진 숨을 위해

두 팔을 힘껏 벌린 듯
꽃들이 공중에 들려있다

기념식이 끝날때까지
꽃들은 그 다음 숨을 참고 있다

웃음이 끝나면 와르르
잇몸이 쏟아질 지 모른다

폐회사가 끝나면 울음이 시작될지 모른다

이것이 사회생활의 가장 모범적인 얼굴이다

내 얼굴보다 내 얼굴같은 화환은 뒤통수가 없다

뇌가 없다

노송

바람이 불어오면
훔쳐간 자리 비가 내렸다
자리를 이탈한
비가 바람이 났다

뽀송뽀송 한 대지를 적신다

초승달이 밤새도록 구르면
안녕이라고 바람인다
앞서거니
뒤따르는 달빛그림자가 어슬렁어슬렁
노송에 내려앉아
꼬불꼬불한 시간을 채운다

훔쳐간 아침 햇살이 잔칫상이다

붉은 해가 꿈틀거리면

해야 솟아라
붉은 태양이 세상에 물들게

해야 솟아라
보리밭에 아낙네 소풍 놀이 무르익게

해야 솟아라
까칠한 보리가 긴 수염 누렇게 익게

해야 솟아라
붉은 해가 꿈틀거리면
첫사랑 찾아 들게

까만 밤

게슴츠레 하늘을 여는
초승달
까만 밤을 일으켜

한 조각
세월을 품은 푸른 바다
맑은 영혼 윤슬에 눈 맞추고
외향선 매달린 은빛에 물든다

입맞춤에
청춘을 그리다. 멎는 순간까지
그의 품속 응어리 되어

꿈틀거리고

덩치 큰 나무가 바람에 꿈틀거리면
바람은 신바람이 난다
작은 나무 사이로 햇살이 굼틀거린다

꽃망울 팡팡 터트린다

시라도 쓰는 듯 잎사귀가 속삭인다

겨우내 품었던 가지에 잎새가 능청을 떤다

잎사귀가
꿈틀거리는 잎사귀 시상을 이어놓는다

때 묻은 영혼

의자는 알고 있다

때 묻은 영혼
의자가 의자에
지키려 하면 할수록 삐걱삐걱 닳고 녹슬어
의자가 부른다

앉아야 들려오는 웃음 지은 그 날
주름져 자신을 스스로 삼킨
추억이 부른다

묻은 못다 한 사랑
때 묻은 영혼이 득실거린다
쌓여만 간 일기가 부른다

꽃이여

낯선 곳에서
꽃망울이 꽃으로 웃을까요

지천에 피는 꽃인들
팡 터트린 봄이 오는 소식을 모를까요

꽃망울 웅성웅성
햇살에 핀 꽃 이름 나그네가 찾을 수 있을까요

꽃망울이 그토록
겹겹이 잎사귀 향연을 그리워한답니다

시들지 않는 꽃으로
낯설지 않은 꽃으로
피어나 봄날을 그리워한답니다

토끼해가

오는 검은 토끼해가
가는 해를 붙잡지 못합니까

이순이 넘으면
그렇게 시간이 잘 가는 겁니까

토끼가 거북이를 추월하면 뭐하시렵니까
거북이걸음으로 장수하지 않으시렵니까

검은 토끼해가 밝아 오면
떠도는 구름에 구르고
아낌없이 주는 바람이 되지 않으시렵니까

검은 토끼해가 밝아 오면
산비탈 물든 고운 햇살처럼
하얀 눈 위에 추억같이 살아가지 않으시렵니까

폴짝 뛴들 건강만큼 소중하겠습니까

틈과 틈

틈을 보았습니다
기울기 틈으로 돌아왔습니다
가느다란 빛이 틈과 틈을 이어놓았습니다

틈은 빛을 보았습니다
빛은 어둠을 이어놓았습니다
생애 촛불이 타도 당신은 틈으로 오지 않습니다

아슬한 틈 당신을 만나봅니다
가물가물한 당신 이름을 불렸습니다
빛으로 찾은 당신은 여러 조각을 이어놓았습니다

기울어져 흩어지는 빛인 줄만 알았습니다

틈과 틈 어둠을 밝히는 당신을 미처 몰랐습니다

해설

불균형의 균형과 울타리시학

정 영 자
문학평론가 · 한국문인협회 고문

불균형의 균형과
울타리시학

「문틈」 해설

/

정영자 문학평론가 · 한국문인협회 고문

정확하고 객관적인 수치를 중심으로 사실 규명의 상황을 점검하는 전자공학 전공자가 현실과 초현실을 이동하며 보이지 않는 가치를 계량된 수치적 언어로 표현하고 있다.

때문에 그의 시는 단단하고 지성적이다. 어떻게 보면 이해 불가능의 영역을 지나야 하는 부담감도 가질 수 있다.

회고적 관점의 시점에서 출발하지만 그 과정의 풍부한 공간적 내용은 첨단의 시대를 사는 지금 여기의 언어요 과학이다.

김삼문시인은 동의대학교 ICT공과대학 교수이다. 일찍이 인터넷 전문가로 카페지기를 운영하며 글과 소프트웨어 조합으로 활동하다가 시를 좋아하게 되었고 2009년 《시와 수필》 겨울호에 「또랑은 냇물을 만나 강을 부르듯」 등을 발표하여 시인으로 등단하였다.

첫 시집 『또랑놀이』(2012), 두번째 시집 『달빛그을음』(2020)을 발간하였으며 세 번째 시집 『문틈』(2023)을 발간하여 부산문단의 창작활동을 활발하게 하고 있다. 현재 해운대문인협회 회장으로서 해운대문화 발전과 해운대 문화를 이끌어 가는 문학활동의 영역을 넓혀가는 세미나를 개최하는 등 해운대문화발전에 문인의 역할과 지자

체의 협력 방안 등 상생의 프로그램을 운영하고 있는 활동하는 지성인이다.

청나라 실학사상에 영향을 받으며 농업 생산력 확대를 통한 농민들의 생활 안정을 위하여 함양 안의현 현감으로 부임한 연암 박지원이 우리나라 최초로 물레방아를 제작하여 활용한 함양군 안의면 출신이다. 그 곳에서 초등학교를 다니고 청마유치환 시인이 초대 교장으로 재직한 안의중학교를 졸업한 후 부산으로 와서 지금까지 부산지역을 지키며 대학과 기업, 창업과 기술, 지역의 문화 창달에 적극적으로 참여하는 학자이다.

때문에 이미 어린 시절부터 농업생산관계의 개혁을 위하여 오랑캐라고 불리는 선진 청나라 기술을 배우자는 연암의 실학사상과 해학과 날카로운 풍자가 담긴 조선시대 유쾌한 지식인의 영향을 실리적이고 과학적인 부분에 많은 영향을 받았으리라 생각된다. 뿐만 아니라 대시인이 머물며 문학적 성취 속에 선비적 기상을 키워 온 문학적 감수성에도 매료되었으리라 짐작할 때 김삼문 교수는 이제 이 두 가지를 동시에 이루어 가며 지역 사회지도자로서의 길을 열성적으로 가고 있다.

그의 시는 지성적인 이미지와 상징이라는 현대 모더니즘을 원용하여 리얼하게 묘사하면서도 객관적인 거리를 유지하고 있다. 사물에대한 시각의 다각화를 통하여 풍경의 정확도에 유념하고 감성과 직관을 최대한 객관화시켜 표현함으로써 유연하고 정확한 시점 조절에 성공하고 있는 것이다.

김삼문 시인은 시집 서문에서 "균형과 기쁨의 연속"을 채우고자 열망하고 있다. 불균형과 슬픔이 많은 우리 시대에 독자를 향한 시적

화자의 바램이라는 간곡한 자신의 창작활동의 방향을 밝히고 있다.

그의 시에는 골목길, 울타리, 주머니, 둥근 돌 등 낡고 칙칙한 영상들이 협소한 공간과 어둠의 이미지로 나타나지만 불균형에서 균형으로, 슬픔에서 기쁨에로의 전환을 형상화하고 있다.

당당한 대문이 아닌 문의 틈새 속에 끼인 현실과 언제나 한 모퉁이로 밀려나서 세상과 소통하지만 광장, 혹은 우주를 관통하려는 골목길 시학이 넘쳐나고 있다.

문틈은 건축학적인 측면과 달빛이 작은 공간에서도 그 힘을 발휘하며 끝내는 둥근 달로 통하는 우주적 시야를 흔들고 있는 인문학적 관점과 신비한 믿음과 사회에대한 끊임없는 열망을 지성적인 깃법으로 형상화 한 시집이다.

1. 황량한 풍경

공터에는 나이 많은 나무가 산다
나무가 쏟아져 매미도 목이 쉰다
하나의 공터가 더 있지
고향이 들숨 날숨에 쥐새끼 울타리가 까맣다
고들 빼기 꽃대가 찌르는 고요 나팔꽃은
보랏빛 울타리가 앉아 웃는다
여러 개의 공터가

골목길 접어든 저녁이
느릿한 저녁을 까맣게 물들인다

까만 비닐봉지, 기꺼먼 양말, 삐뚤어진 젓가락이
　　　잡초 아래에 뿌리를 내리고 있다

　　　바퀴벌레 시커먼 목소리로
　　　헐벗은 늑골을 파헤친다
　　　영화에 한 장면 공터가 바람에 펄럭이는
　　　고독을 상영한다
　　　　　　　　　　　　　　　　　　　　- 〈공터〉 전문

　도시의 황량한 공터를 통하여 쓰레기같은 일상이 펼쳐지고 그래도 나팔꽃은 피고 울타리 쳐진 곳으로 쥐새끼 들이 들락거리는 풍경을 주관적인 감성적 흐름 없이 있는 그대로의 모습으로 재현한다. 현대인의 머물지 못하는 고독을 영상 한편으로 보여주는 공터의 쓸쓸함 내지 무례를 칙칙한 색깔과 바퀴벌레, 쥐새끼의 출몰로 더욱 황폐화 시점으로 녹여내고 있다.

　　　울타리가 철망처럼 지그재그로 산다

　　　파란 줄기, 파란 생각
　　　초록 잎새, 초록 꽃대가 꽃잎에
　　　빨강 머리핀을 꽂는다
　　　잎이 헝클어진 머리칼로 가르마를 탄
　　　울타리 그림자는 비밀이 털리는 듯
　　　골목길 울타리그림자 짙은 화장을 내민다

나는 골목길 암자에 풀잎 법문을 연다.

너는 벽과 벽 사이
울타리 암자에 그림자 골목으로 살고 있지!
너는 풀에서 우는 벌레처럼
풀잎 소리 가르마를 탄 그림자로 염불하고 있지!
나는 암자에서 염불한다
풀잎에 누렇게 물든 울타리 그림자처럼
지그재그 팔자가 누렇게 익는 풀잎을 두드리며
─〈골목길 울타리〉 전문

형형색색의 꽃대와 꽃잎이 어지럽게 걸린 골목길 울타리에서 풀잎법문과 그 곳을 암자로 재현한 불교적인 철학을 융합시킨 하나의 세상을 노래한다. 벽과 벽이 있는 도시의 대로보다 울타리 암자에서 풀잎벌레를 대상화한 염불공양을 친근한 인간의 마을로 형상화한 시이다.

도심과 골목길의 대칭을 이분법으로 규정하지 않으면서 남들이 크게 불러내지 않는 골목길에 시점을 내리고 있는 것이다.

2. 풍자와 해학

들꽃을 주문했다
숨이 끊어진 꽃들이 도착했다
어떤 것은 붉어가며
어떤 것은 희어가며

화환을 완성했다

　　꽃들은 화환을 위해

　　총력을 기울이고 있었다

　　얼굴을 들어라 환대를 위해

　　발끝을 숨겨라

　　끊어진 숨을 위해

　　두 팔을 힘껏 벌린 듯

　　꽃들이 공중에 들려 있다

　　기념식이 끝날 때까지

　　꽃들은 그다음 숨을 참고 있다

　　웃음이 끝나면 와르르

　　잇몸이 쏟아질지 모른다

　　폐회사가 끝나면 울음이 시작될지 모른다

　　이것이 사회생활의 가장 모범적인 얼굴이다

　　내 얼굴보다 내 얼굴 같은 화환은 뒤통수가 없다

　　뇌가 없다

― 〈화환〉 전문

　화환은 기념식에 동원된 꽃들의 처지를 의인화하고 있는 시이다. 이미 숨 끊어진 꽃들이지만 얼굴 들리게 하고 발끝을 숨기고 두 팔을 벌려 공중에 들려 있도록 화환을 완성한다. 행사 참석자들이 웃음과 박수를 치며 환호할 때 꽃은 견디기 힘들어 잇몸이 내려 앉거나 울음이 시작될지 모르는 사회생활의 위선적인 모범 얼굴, 화환을 역설적으로 노래하고 있다.

　때문에 뒤통수가 없고 뇌가 없는 화환을 표현하지만 그의 해학은 인간군상들에 머물러 있다. 현대사회의 도시적 감각을 중시하지만 그 속에 담긴 삶의 경험과 문화적 산물을 풍자로서 만날 수 있는 시이다.

3. 회고와 귀거래사

> 숲처럼 살다가
> 숲에 노을이 들거든
> 산촌 빈 의자 찾아오게나
> 숲에 죽은 나무처럼
> 삭이지 못한 주름살 깊거든
> 숲속에 사는 그림자 찾아오게나
> 의자가 썩어서 백 년을 산다지
> 백 년을 뜨거운 심장으로 산다
> 가로질러 흐르는 물을 닮았지
> 꽃이 핀 산촌에 여름이 오면
> 텅 빈 심장을 씻어내리고
> 내 온기를 흠뻑 적시는 비가 되어
> 흘러 보거라
> 거센 물방울이 산촌에 졸졸 흐른다
>
> - 〈산촌〉 전문

모처럼 시원한 목가적인 귀거래사를 읽는다. 숲과 노을, 산촌의 의자, 강물에서 세월을 아끼는 공동체의 여유를 형상화하고 있다. 결국 시적화자는 이미 숲 속에 의자까지 놓고 자연의 품에서 여생을 보내는 상황을 구축하고 산촌에 흐르는 물이 그냥 자연의 물만이 아니라 자신을 씻고 자신의 시간을 함께하는 시공간의 우주로 확대시키고 있다. 골목길에서 출발하고 그 이미지에서 쉽게 벗어나지 못하지만 결국 유토피아로서 산촌은 그리움인 동시에 현실이고 찾아 나서야 할 궁극적인 선택지로서 장소성을 확보한다.

4. 역설의 자화상

깜깜한 주머니에 넣은 손
고무줄처럼 유연하고, 당겨지고, 줄어졌고,
늘어나며 자랐다
손이 자라서 주머니가 찢어졌다.
크는 동안 서툰 바느질로 꿰매졌고
주머니 속이 깊어지면 손이 나올 줄 몰랐다
아침 해살이 들랑날랑
비켜 간 자외선을 쬐고 빛났다
동행으로 늘어저만 가는 주머니
씻어지는 얼굴로 굳은살이 박혀야 웃었고
손등의 표정이 주머니 숨결을 닮아갔다.
물결처럼 퍼져나갔다.
나의 자화상이 씻어졌다
호수 잔물결이 지휘했다
베르디의 리골레토 음악이고 요를 마셨다
깜깜한 주머니가 졸고 있다

— 〈자화상〉 전문

깜깜한 주머니에 넣은 손으로부터 자화상을 표현하는 전혀 낯서른 객관적인 관점에서 시인의 회한 내지 독설은 부담 없이 공감을 담보한다. 손이 자라면서, 바꾸어 말하면 육체와 정신이 자라면서 주머니는 숨어야 하는 수집음을 찢어지는 주머니로부터 세상 밖으로 밀려 나오고 찢어진 부위를 서툰 바느질로 꿰매는 임기응변의 처방을 동원한다.

시인의 직설적인 서정성은 생략되어 차가운 서술적 서사만을 능청스럽게 부각시키고 있다.

고무줄처럼 당겨지고 줄어들고 늘어 나면서 자란 주머니의 손처럼 깜깜한 시대의 성찰적 자아를 담담히 말하고 있을 뿐이다. 영웅의 호기스러운 폼도 아니요 청승떠는 궁상족의 연민도 보이지 않는다.

많은 동행자들에 의하여 늘어난 주머니를 억울해 하거나 원망하지 않는다. 굳은 살이 박히는 세찬 세상살이와 마주하고 호수의 잔물결에 씻겨지는 성찰적 자아를 찾는 행위, 그것도 꼴지아닌 지휘자의 입장에서 세상살이를 사는 역설의 자화상, 극복의 자화상을 폼내지 않고 담담하게 서술하는 논리적 역사성으로 자아 성찰을 하고 있는 것이다.

검은 토끼 해가 붉었다
토끼가 폴짝 뛰기 위해 회색빛에 구르고
캄캄한 세상으로 돌아가야 했다
여러 짙은 눈썹 닮은 그림자가 구름에 구른다
여러 토끼가 방아를 찧는데
눈빛에 붉은 초승 달빛이 회색빛 눈썹이다

달빛에 퍼졌던 눈빛이 파랬다

줄지은 토끼 앞과 뒤로 뛰어

뭉쳐지지 않으려고 동그라미 그림자가

까맣게 묻혔다

구름에 구르는 세상 눈썹이 그려졌다

회색빛 어둠이 한 발짝

소곤거리는 시간을 벗겨내면

여러 곡선은 햇살을 품는다

둥글게 눈썹이 웃는다

검은 토끼를 닮은 눈빛이 반짝인다

문틈 사이

그도 한자리에 머물지 않은

한편, 한편 문틈을 상영한다

-〈문틈〉 전문

    제한된 틈을 통해서만 볼 수 있는 세상의 진상과 소통은 선택적인 것이다. 문틈에 끼인 처지나 현실에서 틈새 활용의 실패, 인문학적인 달빛은유의 세례를 받은 과학도의 상상력의 확대, 그리고 태양 아닌 달빛은유의 시사점 등 다양한 틈새의 의미를 살펴 볼 수 있다.
    관점 내지 시사점은 중요하다. 시간과 공간을 초월한 보편타당한 삶의 문제를 신화처럼 다루어야 시의 맛이 난다는 것을 이해할 수 있을 것이다.
    검은 토끼 해를 맞이 하면서 인간의 상상력이 갖는 가능성을 〈문틈〉에서 공간개념으로 풀이한다. 둥근 이미지의 끈기와 도전의 열망을 곡선의 동양적 이미지로 표현하여 한국 전통 서정시의 단단

한 시적 형상화를 추구하고 있다.

　어둠과 눈썹, 달빛과 눈썹 그리고 눈빛에 이르도록 끝내는 햇살 품은 둥근 눈썹의 웃음과 눈빛 속에서 한 곳에 머무르지 않는 좌표를 설정한다. 이와 같은 공간을 통하여 영원을 추구해간 시인의 시도는 산만한 현대적 상황을 표현하지만 오늘을 살아가는 문틈의 시적화자 내지 서민을 위로하고 있다.

　　둥근 돌이 하늘에 누웠다
　　둥근 돌은 처음부터 둥글지 않아 돌은 조금씩
　　굴러서 둥글어졌다
　　둥근달은 구를수록 구름은 그림자를 낳았다.
　　눈썹 같은 빛이 굴려서 둥글게 빛나는 달은 하나인데
　　그림자는 여러 개의 지구 봉에 붙여졌다.
　　소리를 내어놓듯 덜컥,
　　추석 한가위 내려놓고 갔다.
　　하나의 지구가 둥글게 구르면
　　어둠에 빛났고 지구는 둥근 빛으로 굴렸다
　　빛의 한 보폭이 둥근 달을 품었다 다른 한 보폭에
　　그림자다 부서져 잡힐듯한 그림자를 낳고 있다.
　　달이 구름의 속삭이었다
　　하늘에 누워있는 둥근 돌은 무게를 견디라고 빛났다
　　　　　　　　　　　　　　　　　　　－〈추석〉 전문

　김삼문 시인은 〈추석〉에서 둥근 빛의 만월에 대한 찬사를 보내지 않고 있다. 처음부터 둥글지 않은 돌은 조금씩 굴러서 둥글어졌고

드디어 하늘에 누워 빛나는 돌이 된다. 빛이 있기에 둥근 돌은 하늘에 누워 달이 된다는 현대 사회의 삶의 경험을 자의식의 의식의 흐름으로 묘사한다. 산업화를 거치면서 문화는 저급화되고 많은 막장문화와 같은 실수를 반복하기도 한다.

때문에 기술과 과학만 발전하면 인류가 행복해지리라는 기술맹신주의가 깔리면서 새로운 문화 창달의 실험대에 와 있다.

외적 경험보다 내적 경험 집단의식보다 개인의식을 높여가는 특성을 읽을 수 있다. 풍요 속의 빈곤을 〈추석〉이란 시에서 강열하게 느낄 수 있다.

김삼문교수의 시는 우리를 싸고도는 모든 불균형의 문제에 고뇌하면서 그 균형을 아우르는 시적 형상화를 지성적으로 묘사하면서도 타인과 혹은 사회와의 부딪힘에서도 울타리의 역할론을 노래한다. 세상의 어두운 이미지를 거론하면서도 끝내 빛 이미지로 살아남은 자들의 절묘한 극복 의지를 탄탄한 시어로 재확인시켜 주고 있다.

계간 《부산시인》
신인상 응모작품 모집

 (사)부산시인협회에서는 부산은 물론 한국 문단의 새로운 주역이 될 참신하고 역량있는 신인을 발굴하고자 『부산시인』 신인상 작품을 다음과 같이 공모합니다.

- **응모 분량** : 시 10 편 이상
- **원고 접수** : 수시
- **응모 방법** :
  1. 원고는 어떤 매체에도 발표되지 않은 작품이어야 하며, 당선된 작품이라도 후일 표절로 밝혀지거나 동일 작품이 다른 매체의 중복 투고되어 동시 당선되면 수상을 취소합니다.
  2. 응모작품은 반드시 우편접수를 원칙으로 하며, 겉봉투에 신인상 응모 작품임을 명시하여야 합니다.
  3. 작품 앞부분에 이름(필명인 경우 본명을 밝힐 것)과 주소, 연락처를 반드시 명시해 주십시오.

- **심사 및 발표** : 본 지 수시로 당선자 게재
- **보낼 곳** : 48401 부산시 남구 전포대로67번길 20 (4층)
- **기타 상세한 내용은 (사)부산시인협회 사무국으로 문의바랍니다.**

40801 부산시 남구 전포대로 67번길 20 (4층)
TEL. (051) 441-6134 FAX. (051) 467-3134
E-mail. busansiin@hanmail.net

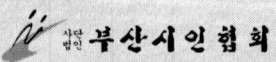

도서출판 에이엑스
문학상 응모작품 모집

도서출판 에이엑스에서는
한국 문단의 활동을 지원하기 위한 역량있는 시인의
『출간 시집』작품을 다음과 같이 공모합니다.

지원금 2,000,000원 도서출판 에이엑스에서 지원합니다.

- **응모 분량 :** 자유시 70편 이내

- **원고 접수 :** 2025.6.10. ~ 2025.10.25.

- **응모 방법 :**

  개인 시 창작 작품으로 시집 출간을 희망하는 시인을 대상으로 두 분을
  모집하여 시집 발간 비용 200만원을 지원해 드립니다.

- **심사 및 발표 :** 당선자 개인 통보

- **보낼 곳 :**

  도서출판 에이엑스(부산광역시 부산진구 부전로 5-1, 4층)
  TEL. (051) 808-5571 FAX. (051) 809-5571
  E-mail. geobook80@hanmail.net

- **기타 상세한 내용은 도서출판 에이엑스로 문의바랍니다.**

김삼문 세 번째 시집 (개정판)
문 틈

지은이	김삼문
발행일	2025년 6월 20일
펴낸곳	도서출판 에이엑스
	부산광역시 부산진구 부전로 5-1
	T. 051-808-5571 F. 051-809-5571
	E. geobook80@hanmail.net
	www.designbg.co.kr
	출판등록번호 1996-000003호

© 김삼문 2025   ISBN ISBN 979-11-91208-60-3 (03800)
정 가 / 13,000원

※ 이 책은 저작권법에 따라 보호받는 저작물이므로 무단 전재와 복제를 금합니다.